Prolog

Man muss kein Wissenschaftler sein, um den Versuch zu unternehmen, die Welt als Ganzes oder als Teil einer Hyperwelt zu begreifen. Das versuchten schon die Neandertaler. Es ist ein Vorteil und Vorrecht der Philosophie. Wissenschaftliche Erkenntnisse vervollkommnen das philosophische Weltenverständnis. Bei der Erkenntnis aber, auf fundamentale Fragen niemals und ultimativ keine Antwort zu erhalten, hilft uns die Wissenschaft ausnahmsweise einmal nicht. Warum ist die Welt so wie sie ist? Ist sie im Feuerstrom der Urteilchen geboren oder aus einer Idee geformt worden? Wo kommt sie her, wo geht sie hin? Wir werden das definitiv nicht erfahren. Nur Teile Ihres Geheimnisses gibt diese Welt preis.

Es ist unsere Eigenart, sich niemals mit dem Erreichten zufrieden zu geben. Wir wollen die uns gesetzten Schranken nicht akzeptieren. Es ist eine logische Konsequenz, den scheinbar perfekt funktionierenden Mechanismus dieser Welt einer höheren, weit über uns stehenden Intelligenz zuzuschreiben.

Mit dieser Schrift wird der Versuch unternommen, die Welt als Ganzes zu verstehen, zu begreifen. Die Begriffswelt erweitert sich logischerweise mit jeder neuen Erkenntnis, die uns die Wissenschaften liefert.

Dennoch wurde es in dieser Schrift bewusst vermieden, aus Abhandlungen und Lehrbüchern zu zitieren. Es würde den Zweck der Schrift, das Universum, das reale Sein um uns herum oder auch

das wahrgenommene Etwas um uns herum, widersprechen. Deshalb gibt es im Anhang auch keinen Literaturhinweis.
Nichtsdestotrotz basieren alle Gedanken auf Erlerntem und Übernommenen. Es sind keine geistigen Ergüsse aus dem Nichts.

1. Der Sinn des Nachdenkens über Herkunft und das Ziel der Welt als Ganzes

In einer klaren Nacht mit Blick zum wolkenfreien Sternenhimmel kommen Gedanken auf.
Wo komme ich her? Wo gehe ich hin?
Was macht das Leben für einen Sinn?
Tag für Tag um den Lebensunterhalt um die Existenz kämpfen, die kurzen freien Momente genießen, die schweren Zeiten verfluchen, um eines Tages frei- oder unfreiwillig in die ewigen Jagdgründer überzugehen – wofür?
Vielleicht aber ist es wichtig, einmal in einer sternenklaren Nacht loszulassen, weltfremd zu sein, hinauf auf den großen Bären zu schauen, dessen Sterne aufgrund der langen Reise des Lichts zur Erde schon längst nicht mehr da sind, wo sie am Himmel stehen, und an das große Firmament zu denken, an die riesigen Dimensionen, die unvorstellbaren Energiekonzentrationen und die Erde, sogar die Sonne und vor allem den eigenen Alltag klitzeklein werden zu lassen.
Gerade wenn man sich mit einem hartnäckigen schier unlösbaren Problem herumschlägt, kann es hilfreich sein, sich die elementaren Dinge dieser

Welt ins Bewusstsein zu rufen. Das Leben ist eine allzu kurze Episode im Weltendasein, ein Minisekündchen in der Weltenära. Außerdem ist es noch ein exklusives Glück, überhaupt einmal bewusst am Weltendasein teilhaben zu dürfen. Ein Sechser im Lotto ist dagegen eine Massenerscheinung. Ein Samenfaden oder eine Eizelle daneben und der Bruder oder die Schwester wäre statt seiner selbst auf die Welt gekommen. Ginge es nach der Wahrscheinlichkeit, wäre man eine Ameise geworden, das zahlenmäßig am meisten vertretene Individuum auf der Erde.

Da lässt es sich eigentlich verschmerzen, dass es für diese Episode wohl keine Wiederholung gibt.

2. Woraus besteht die Welt?

Woraus besteht unsere Welt? Die meisten werden sagen, dass die Bausteine so vielfältig und komplex sind, dass es einer mehrjährigen Lehrveranstaltung bedarf, annähernd alles aufzuzählen.

Dabei kann diese Frage eigentlich auch nur mit einem einzigen Wort beantwortet werden:

Energie!

Die Welt besteht aus Energie, nur dass diese Energie in den verschiedenartigsten Formen existent ist und sich ständig umwandeln kann. Wir bestehen aus reiner Energie, auch wenn der menschliche Körper noch so komplex strukturiert ist.

Wer hat die Energie in die Welt gebracht?

Wir können die verborgensten Naturphänomene ans Licht zerren, die verzwicktesten Rätsel des Universums lösen – diese Frage aber werden wir niemals beantworten können. Man sollte nicht vorschnell mit absoluten Feststellungen um sich werfen. Das haben uns die wissenschaftlichen Forschungen schon oft gelehrt. Dennoch ist klar: Diese Frage bleibt definitiv unbeantwortet.

Sicher, die Welt hätte auch „leer" sein können, ohne Energie oder nur mit einem Hauch von Energie. Es hätte das Sternenmeer, die dunkle Materie, die mächtigen Galaxien nicht geben müssen. Es hätte dann letztlich auch keine Sonne, Erde oder den Menschen gegeben. Ich hätte nicht die Möglichkeit, diese Gedanken zu Papier zu bringen.

Aber die Welt besteht aus Energie, aus Kraft. Es ist so eingerichtet. Wie auch immer. Wir können nur staunen, lernen und erkennen, soweit uns das gelingt.

Wir erkennen die Physiognomie dieser Welt, des Universums mit jedem Forschungserfolg, mit jedem neuen Teleskop, was noch weiter in den Kosmos vordringen kann, immer besser, immer genauer. Aber die Welt in seiner Gesamtheit können wir niemals vollständig begreifen, niemals verstehen. Natürlich: Unser Universum beginnt sich aufzuklären mit jeder bahnbrechenden Erkenntnis. Aber wie viele Universen gibt es? Und bilden diese Universen einen noch größeren Verbund, den wir nicht ermessen und nicht mehr beobachten können.

Auch die kleinsten Teilchen dieser Welt, Moleküle, Atome, Protonen, Elektronen, Neutronen, Quarks, quasi masselose Teilchen wie die Photonen oder Neutrinos sowie Energiefelder – wer brachte sie in die Welt? Allem Anschein nach sind auch Milliarden Lichtjahre entfernte Galaxien aus diesen Bausteinen aufgebaut. Oder existieren noch weiter weg völlig andere Strukturen?

Es macht kaum Sinn, darauf Antworten zu suchen. Und wenn wir die Anziehungskraft, die Gravitation von Megakörpern der Eigenart der Gravitationsenergie zuschreiben können, fällt die Struktur der kleinsten Bausteine dieser Welt, der Atome, der winzigen Atomkerne, die die freien Elektronen an sich binden, schon schwerer und die Erklärung der Schwerkraft reicht nicht mehr aus. Es gibt neben der Schwerkraft andere seltsame Kräfte wie die kleine und die große Kernkraft, die nicht nur auf Massenanziehung beruhen.

Elektromagnetische Kräfte, Ladungen kommen ins Spiel wie auch die unvorstellbaren Kräfte, die aus einem winzigen Atomkern durch radioaktive Prozesse freigesetzt werden können.

Eine weitere Eigenschaft dieser Welt, dass heißt eigentlich der in diese Welt gepumpten Energie ist der Impuls zur Höherentwicklung. Warum funktioniert dieser Mechanismus so? War es auf unserer Erde vorbestimmt, dass aus glutheißer Lava, den ersten Lebenskeimen, niederen Pflanzen, Tieren letztendlich der Mensch hervorgeht? Oder war es nur eine Verkettung von Zufällen? Aber eins ist glasklar: Die Evolution ist bei Zusammenkommen bestimmter Spielarten von

Energie zum Höheren gerichtet, bis sie sich eines Tages wieder in das Niedere umkehrt und alles wieder neu geordnet wird, alles von vorn beginnt. In der Antarktis liegt nur stumpfsinniger Schnee. Aber scheint die Sonne in Verbund mit Leben spendenden Substanzen, vor allem Wasser, mit Kraft auf einen gut exponierten Flecken dieser Erde, dann kann man fast zuschauen, wie die Keime sprießen und die dynamischen Lebensgeister der Natur geweckt werden. Welche Kraft bewirkt das? Es könnte ja auch alles dahinvegetieren, immer auf dem gleichen Niveau und so ewiglich existent sein. Sterne könnten entstehen, zerfallen. Energie könnte sich umwandeln in seine verschiedenen Erscheinungsformen. Es könnte alles kalt, unbelebt, ewiglich bleiben. Der Impuls zur Höherentwicklung bestimmt unser Leben, unsere Umwelt, die wir kennen. Aber ist das auch Milliarden Lichtjahre entfernt von uns so? Die Logik spricht dafür. Warum sollten ausgerechnet wir in einer solchen Oase leben?

3. Ist das Universum alles?

Beschränken wir uns auf das Weltenverständnis für unser Universum. Darüber hinaus können wir sowieso nicht blicken. Der Zeit- und damit Lichthorizont nach dem Urknall reicht logischerweise nur bis zu der am weitesten herausgeschleuderten Materie, also ca. 11 bis 13 Milliarden Lichtjahre entfernt.

Der Inhalt in diesem Radius umfasst unser Universum. Was es darüber hinaus gibt, bleibt für immer Spekulation. Die Logik verbietet es ein Ende, eine Schranke oder die ultimative Barriere zu vermuten. Wie sollte diese aussehen? Aber vielleicht spielt uns unser euklidisches Raumverständnis einen Streich und die Welt verkörpert eine solche verschlungene Form, gleich einer Kugeloberfläche, die endlich, aber doch auch wieder unendlich ist, dass unsere Vorstellungskraft versagt. Darauf wollen wir im sechsten Abschnitt noch einmal zurückkommen.

Mit Hilfe der großen Teleskope fanden wir heraus, dass es zwei Arten von Galaxien gibt: Haufenförmige Galaxien und spiralförmige Galaxien. Da sind wir bei einem weiteren der Welt eingehauchten „Lebensgeist", für dessen Ursprung wir wohl niemals eine Erklärung finden können. Die Welt und damit gleichzeitig die inhalierte Energie ist eine Emulsion, die ständig versucht auszugleichen, auszubalancieren, neue Gleichgewichtszustände zu finden. Die Massen ziehen an. Gleichzeitig stößt die relative Leere ab. Es ist wie in einem riesigen heißen Kessel mit blubberndem Teig. Hitze und Dynamik versuchen ständig neu entstehende Löcher zu stopfen und Unebenheiten auszugleichen. Aber die Riesenherde an Energie selbst und das rätselhafte Energiepotenzial der kleinsten Materiebausteine zerstören ständig wieder diese Ausgleichsbestrebungen. Aber zurück zu den Galaxien. Gravitation, Schwerkraft halten diese riesigen Energiemengen zusammen. Eine seltsame Kraft. Jede Masse zieht an, je nach ihrer Größe. Warum auch immer das so ist. Oder wird alles von Gravitonen gesteuert. Die Erde hält den Mond in ihrem Bann, der sich seinerseits durch den Eingriff in die Gezeiten entschädigt. Die Sonne führt die Erde und weitere Planeten an der Leine und wird selbst durch noch größere Schwerkraftfelder in der Milchstrasse gehalten.

Das Zentrum einer Galaxis hält Milliarden von Sonnen, riesige Mengen dunkler Materie und gigantische Energiefelder fest. Was muss im Zentrum einer solchen Galaxis für ein komprimierter Pressling mit unvorstellbarer Anziehungskraft stehen. Kaum nachvollziehbar, dass dieser Pressling, vielleicht ein schwarzes Loch, über Millionen von Lichtjahren Entfernung seine Schwerkraft geltend machen kann.

Aber vielleicht ist diese Annahme auch trivial. Es ist wahrscheinlicher, dass die Gravitationsfelder im Verbund arbeiten, dass die Anziehungskraft von innen aus dem Zentrum heraus nach außen transferiert wird, wie die stille Post weitergegeben wird, sich fortpflanzt, so dass der riesige Zentrumspressling über diese Postboten seinen Einfluss auch in so unvorstellbar weiter Entfernung noch geltend machen kann. Es muss so sein. Bei einer haufenförmigen Galaxis kann man noch streiten, wie diese zusammengehalten wird. Aber bei der spiralförmigen Galaxis ist es offensichtlich, dass das Supermassenzentrum seine spiralförmigen Arme mit den Milliarden von Sternen hinterherschleppt. Die Drehbewegung dieses

Zentrums, welche die Materie in den Armen zeitverzögert mitmachen muss, wird an der Form einer solchen Galaxie deutlich. Bei den haufenförmigen Galaxien werden die äußeren Sektoren auch festgehalten. Da der Kern der Galaxis aber nicht rotiert, finden die äußeren Sterne zumindest in Bezug auf die Rotationsbewegung ihre Ruhe.

4. Raum und Zeit

Obwohl mit Energie und Kraft im Prinzip alles, was existiert und damit das Sein umfassend beschrieben ist, bedarf es für das Bestehen der Weltenenergie zwei Dimensionen: Raum und Zeit. Spätestens seit Einstein haben wir gelernt, dass auch das schier Unveränderliche relativ ist, dass quasi nichts ultimativ festgeschrieben werden kann. Physikalische Formeln führen unsere Vorstellungskraft ad absurdum. Unser Vorstellungsvermögen wehrt sich gegen die Aussage, dass Raum durch Energie gekrümmt wird. Raum gekrümmt? Wie kann man Leere krümmen? Aber es gibt eben keine absolute Leere. Es gibt keinen Äther, der als Raumkomponente unabhängig über allem schwebt, egal was sich in seinem Rauminhalt ereignet. Raum ist mehr oder weniger Energie, die mit mehr oder weniger Materie, Schwerkraft, Strahlung, Teilchen, Felder, Quanten, Photonen durchzogen ist. Der Raum krümmt und verschlingt sich durch seinen energetischen Inhalt. Der Raum tritt ebenso mit der Energieemulsion und deren Erscheinungsformen in Wechselwirkung wie die Zeit.

Ja, sogar die Zeit wird modifiziert. Zeit? Wie ist das möglich. Sie läuft scheinbar stoisch wie ein Metronom. Niemand kann sie aufhalten, niemand kann sie ändern oder ihren Lauf außer Kraft setzen. Oder geht das doch?

Dennoch gebietet uns unsere Logik, absolute allgemeingültige Behauptungen aufzustellen.

Man kann seinen Körper nicht in Bruchteilen von Sekunden an einen Millionen Kilometer entfernten Ort beamen. Dazu braucht es einer bestimmten Zeit, um diesen Raum zu überbrücken. Das „Wurmloch" gehört in das Reich der Fantasie. Genauso ist es nicht möglich, in die eigene Vergangenheit zu reisen. Geschehen ist geschehen. Es muss genügend Raum überbrückt, Entfernungen zurückgelegt werden, um wenigstens aus Sicht des Betrachters in eine andere Zeit zu gelangen.

Eine Reise in die Zukunft ist da schon eher möglich. Die Berechnung von Raum, Zeit und Geschwindigkeit lehrt uns, dass wir als Vater nach einem Raumflug mit hoher Geschwindigkeit den Sohn bei der Rückkehr auf der Erde als den Älteren antreffen könnten. Das ist kurios genug. Sich selbst aber in der Vergangenheit zu begegnen, ist unmöglich. Dagegen wehrt sich jede Logik. Wenn man sich noch vorstellen könnte, das eigene Ich aus der Zukunft zu treffen, so ist ein Treffen mit dem Ich aus der Vergangenheit absurd. Man würde automatisch wieder die Zukunft ändern, die man aber gerade erlebt.

Prinzipiell sollte man sich aber mit absoluten Aussagen zurückhalten, will man nicht das Schicksal vieler vermeintlich unumstößlicher Behauptungen teilen.

So gesehen könnte die Zeitmaschine von H.G. Wells zumindest in einer Richtung funktionieren. Allen anderen Szenarien wie die Reisen in die eigene Kindheit oder das Beamen an einen weit entfernten Ort sind Science fiction und werden es immer bleiben.

Es gibt, wie bereits erwähnt, de facto keine Trennung von Raum, Zeit und Gravitation, keinen Äther und die davon unabhängige „Füllmasse". Die Masse=Energie selbst ist der Äther. Sogar die scheinbar absolute Leere ist etwas. Es gibt die absolute Leere, so wie wir sie verstehen, nicht. Die Welt ist ein Gallert, das ständig von Makro- oder Mikroprozessen aufgewühlt wird und deshalb ständig nach neuerlichen Gleichgewichtszuständen, die es aber niemals vollständig erreichen kann, strebt.

Das Dasein des Universums bzw. des grenzenlosen Energieklumpens wird von ständig wechselnden Bedingungen getrieben. Raumpotenziale mit hohen Energiekonzentrationen saugen an den sie umgebenden Energiepotenzialen mit weniger Energie und zwar so lange, bis die Konzentration so weit ansteigt, dass es zu einem Kollaps kommt, der den ganzen Prozess wieder umkehrt.

Die Welt, das Universum, entwickelt und verändert sich durch den räumliche Transport und die qualitative Umwandlung von Energie, von der sichtbaren Energie, der Masse, und damit auch ihrer unsichtbaren Begleiterscheinung, der Gravitation, sowie den mit ihr verknüpften Feldern und der nahezu massenlosen Energie, wie zum Beispiel den Photonen des Lichts. Die in das Universum gepumpte Energie durchzieht nicht nur den Raum, sondern bildet ihn gewissermaßen. Somit kommt es bei hohen Energiekonzentrationen zu der schwer vorstellbaren von Einstein nachgewiesenen Krümmung des Raumes mit seinen Zeitkonvergenzen

Die Energie wird nach Erreichen eines kritischen Dichtewertes irgendwann aus dem Kollapsar herausgeschleudert. Die relative Leere erhält ihrerseits wieder neue Energiezufuhr, wie ein muffiges Zimmer, das sich nach dem Öffnen des Fensters schnell mit frischer Luft füllt. Da die von diesem ewigen Wechselspiel zwischen Expansion und Kontraktion begleitenden Prozesse von zielgerichteten Triebkräften, die nach den Regeln implantierter (von wem oder was auch immer) physikalischer Gesetzmäßigkeiten, aber auch Zufälligkeiten angetrieben werden, stellt die Zeit, die Ewigkeit des Seins, keine Endlosschleife dar, sondern eine asymptotische Spirale. Ansonsten würde ein Prozess, eine Entwicklung irgendwann völlig wieder von vorn beginnen und das unendliche viele Male.
Wer oder was auch immer der Urstoff des Universums ist, sind es die Gravitonen der Schwerkraft, sind es andere Urteilchen, die das Granulat des Äthers dieser Welt bilden, wer oder was auch immer festlegte: Daraus wird die Welt

gebaut! – es wird keine abschließende Aufklärung der Frage: „Warum ist es so, wie es ist?" geben.

5. Unser bzw. das Universum

Das Universum, wie wir es kennen, expandierte aus einer Hyperkonzentration von Energie, von Materie, der sogenannten Singularität vor dem Urknall. Es gibt kaum noch Zweifel an dieser Erkenntnis. Alles was wir sehen und beobachten können, fliegt von uns weg, entfernt sich von uns, aber entfernt sich auch voneinander.
Wie lange? Ewig? Nach dem Zerbersten der gewaltigen Materiekonzentration, flogen die Urteilchen (Gravitonen, Quarks, Higgs-Teilchen?) auseinander. Die Nachfolgegeneration, die Protonen und Elektronen, weitere Kleinstenergieteilchen und Photonen bombardierten sich gegenseitig und entluden das Übermaß an Energie. Es entstanden Wasserstoffklumpen, bis sich allmählich schwerere Elemente bildeten. Dieses gewaltige Szenario geschah während des Expandierens des Weltalls in einigen Sektoren dieses auseinander driftenden Äthers, so dass das expandierende Weltall ständig einerseits von lokalen Materieverklumpungen, andererseits von Dispersionen erschüttert und neu geordnet wurde und wird. Räumlich begrenzte Kontraktionen, wie z.B. die Entstehung von Sonnen oder schwarzen Löchern, wechseln sich mit Expansionen, wie z.B. den Supernovas oder sterbenden Galaxien, ab.

Das schüttelt das expandierende Weltall ständig durcheinander. Die riesigen Spiralarme der Galaxien werden unablässig durch die Kraft ihrer gewaltigen Gravitationszentren aber auch die saugenden Kräfte der umgebenden relativen Leere sowie der schwarzen Materie oszilliert.
Aber ist das die ganze Realität, das expandierende Weltall mit seinen Millionen Galaxien, Milliarden Sonnen und den unvorstellbaren Energieausbrüchen?
Oder kehrt das Weltall nach der langen Expansion wieder in eine Kontraktion um, wenn ihm die Kraft ausgegangen ist? Oder ist das Universum, dass wir kennen, dass ausnahmslos der Hypermateriekonzentration vor ca. 13 Milliarden Jahren, also der Singularität, entstammt, nur ein Teil unendlich vieler Singularitäten, die außerdem auch noch untereinander in Wechselwirkung treten, wie wir es von den Galaxien im für uns sichtbaren Teil des Universums kennen? Fragen, auf die wir bisher keine Antwort kennen und die uns die Natur oftmals auch für immer schuldig bleiben wird.
Eine Erkenntnis scheint aber, definitiv zu sein: Die Welt, das uns bekannte Universum wird von Kräften zusammengehalten, wahrscheinlich von einer Summe der verschiedensten Kräfte. Trotz vieler lokaler Gravitationsherde, wie den Galaxien, strömen die Kräfte in der Summe in das Zentrum unseres Universums. Diese zentrale Kraft wird nach den spektroskopischen Beobachtungen nur von der gewaltigen Expansionskraft, die mit dem Urknall infolge des Gravitationskollapses frei wurde, übertroffen. Ob das ewig so bleibt oder sich

irgendwann umkehrt, kann, wie schon erörtert, schwerlich vorausgesagt werden.

Damit kann geschlussfolgert werden, dass das Zentrum unseres Universums trotz des „Ausblutens" nach dem Urknall nach wie vor auch die zentrale Position einnimmt. Da kann die Materie verklumpen, neue Herde oder Hyperkonzentrationen bilden, wie sie will. Letztendlich ist der Kräftestrom ins Zentrum gerichtet. Es ist dort noch genügend Power da, um den „Laden" zusammenzuhalten.

Kehren wir zur Entwicklung der Materie nach dem Urknall zurück. Aus Protonen entstanden Atome, Moleküle, schwere Moleküle, chemische Verbindungen und so weiter, oft in Bruchteilen von Sekunden. Das ist bekannt. Mit dem Verteilen der Energiekonzentration auf dem Raum, konnten sich immer mehr Atome und Moleküle versammeln, ohne Gefahr zu laufen, von exorbitanten Energieströmen aufgesprengt zu werden. Eine seltsame Triebkraft der Natur, wer auch immer dem Äther diese intelligent oder „göttlich" anmutende Kraft eingehaucht hat, bewirkt die Entwicklung vom Niederen zum Höheren.

Auf unserer Erde sind Millionen von idealen Faktoren zusammen gekommen, so dass sich am Ende in einer seelenlosen, mechanischen, instinktiven Welt sogar Vernunft herausbilden konnte. Kaum vorstellbar, dass das Mutter Natur wollte. Eines ihrer Geschöpfe versucht, den Schöpfer selbst zu begreifen. War das zielgerichtete Arithmetik, einzigartiges Zufallsprodukt der

Evolution oder peinliches Versehen? Eine wohl ewig im Raum stehende Frage!

Philosophie ist die Wissenschaft der Logik. Optimismus ist eine positive Eigenschaft des Menschen. Sie verleiht ihm Lebensmut. In der Philosophie haben Emotionen im Allgemeinen keinen Platz. Die Logik lehrt uns, dass die wechselnden, immer wieder sich neu ordnenden gewaltigen Energiepotenziale eines Tages auch vor dem Sonnensystem keinen Halt machen werden. Und da hilft auch ein möglicher schier unvorstellbarer technischer Fortschritt der zukünftigen menschlichen Population nicht. Den Dimensionen der Neuordnung in der Energieverteilung entgegentreten zu wollen, gliche der Absicht eines Feuerwehrmanns, mit der Asbestplane eine Atombombendetonation ersticken zu wollen. Da kann die Menschheit eine noch so hohe Entwicklungsstufe erreichen. Aber zur allgemeinen Beruhigung: Philosophische Interpretationen, wie diese hier auch, beziehen sich auf Zeiträume, die jegliche individuelle Vorstellungskraft sprengen. Sie haben auch keinen unmittelbaren praktischen Wert. Hundertprozentig lässt sich in unserer Welt allerdings kaum etwas vorhersagen. Die Wahrscheinlichkeit aber, dass unsere Erde ein verheerendes Schicksal in unserer Epoche oder in allernächster Zeit ereilen könnte, ist außerordentlich gering.

6. Unser Universum – eine Blackbox?

Dass Raum und Zeit voneinander abhängen, wurde bereits ausführlich debattiert. Es muss nicht in Frage gestellt werden. Da wir aber aufgrund unserer Eigenart immer nach dem Anfang und dem Ende forschen, soll auch hier diese Frage noch einmal aufgeworfen werden.

Natürlich sei erneut in den Fokus gerückt: Wie sollen Anfang und Ende von Raum und Zeit aussehen? Wie sollen sie beschaffen sein? Wahrscheinlich stellt der Mensch hier eine naive Frage. Aber gehen wir einmal anders heran! Nehmen wir an, der Raum ist endlich, quasi eine Blackbox. Wir bekommen automatisch ein Problem mit der Zeit.

Wenn der Raum, das ultimative Universum, endlich ist, dann kann die Zeit keine Einbahnstraße mehr sein, kein in die Zukunft gerichteter Strahl. Es würden sich irgendwann, nach unvorstellbar vielen Abläufen die Ereignisse wiederholen. Da selbst die kleinsten Elementarteilchen, den Gang der Geschichte beeinflussen, würde es eine gigantische nicht zu beziffernde Anzahl von Abläufen bedürfen, um eines Tages in ein Deja vu zu münden.

Die Energie und die Einflussfaktoren im Universum sind so vielfältig und komplex, dass die Prozesse und die Entwicklung im Universum schier unendlich viele Variationen und Spielarten hervorbringen können. Und doch: Irgendwann wäre in einer Blackbox das letzte Körnchen Sternenstaub wieder an demselben Platz, wo es einmal war. Das bedeutete unter Umständen dann, dass auch ein

Erdbürger auf dem zum x-ten Mal von der Sonne abgesprengten blauen Planeten einem Mann oder Frau zum x-ten Male begegnet, exakt dasselbe zu der anderen Person sagt, ohne zu wissen oder sich daran zu erinnern, dass er das schon zig Mal vorher in derselben Weise getan hat. Ich schriebe hier zum x-ten Mal diese Zeilen, ohne zu wissen, dass ich das schon unendliche viele Male vorher getan habe und nachher wieder tun werde. Das Universum ist zwar unvorstellbar groß, das Reservoir der Prozesse schier unerschöpflich, die Ewigkeit aber bringt unschlagbare Geduld auf. Eines fernen Tages würde sich ein Atom oder sonst ein Energiequant an identischer Stelle befinden, sollte das Universum eine Blackbox sein.

7. Sind das einfach nur Gegebenheiten dieser Welt oder steckt ein Gott dahinter?

Wer weiß schon alles? Wer kann alles exakt herausfinden? Kaum jemand, ohne Gefahr zu laufen, rechthaberisch oder ein „Doktor Allwissend" zu sein.
Ist diese Welt real oder spiegelt uns unsere Wahrnehmung eine Scheinwelt vor?
Spielt sich das gesamte Geschehen vielleicht sogar nur in unserem Bewusstsein ab. Gaukeln uns die Sinne irgendetwas vor?
Viel Zeit steht uns nicht zur Verfügung, um am Weltendasein teilzuhaben und zu versuchen, die Welt zu begreifen. Die wenigen Erdumkreisungen

um die Sonne, die uns geschenkt werden, nutzen wir für einen Kurzfilm, der uns letztlich unsere Erbärmlichkeit widerspiegelt.

Es ist nicht leicht zu begreifen, dass unser individuelles Sein und Bewusstsein nur eine Spielart der dem Universum innewohnenden Kräfte darstellt, die wie aus einer Laune heraus die Struktur Mensch erschuf, um sich einmal von einem seiner Schöpfungen bewundern zu lassen.

So stehen wir da und suchen nach Antworten bis hin zur ultimativen Frage: Warum ist es so wie es ist?

Aber wir können diese Frage wie schon erwähnt niemals beantworten, genauso wenig wie Münchhausen sich selbst am Schopfe aus dem Wasser ziehen konnte.

Der Mensch als Schöpfung genialer zielgerichteter Naturkräfte, manchen sagen „Gott", manche sagen „Energie" und manche sagen „Einbildung", wurde ein Platz in der Endlichkeit zugewiesen.

Er kann nur endlich denken. Wie kann es auch anders sein. Sonst wäre **er** Gott.

So weitreichend die Erkenntnisse von den gewaltigen Energien , die sich in die verschiedenen Erscheinungsformen nach irgendwie festgelegten Regeln, den physikalischen Gesetzen, und über Schwellenwerte umwandeln, auch sind, es bleiben die Fragen offen: Wie entstand das, was wir um uns herum vorfinden? Wo geht es hin? Wie wird es enden?

Das sind eigentlich sinnlose Fragen, Fragen, die nur Sinn machen, wenn sie sich auf einen Ausschnitt oder eine Ära des Weltendaseins beziehen.
Wir können nur vom Universum sprechen, als von dem Teil, den wir mit unseren Teleskopen und vor allem mit dem Licht, das seit dem Urknall in das Nichts streut, erreichen können.
Diese sichtbaren oder vermuteten Objekte mit allen Energieformen waren. wie bereits erwähnt, alle zusammen vor ca. 11 bis 13 Milliarden Jahren in einen superdichten Stecknadelkopf eingepresst, der sich bei der Überschreitung eines bestimmten Dichtewertes mit einer gigantischen Explosion Platz machte.

Aber wer hat vorher die Energie eingehaucht? Kontrahierte das gesamte Weltenmaterial bevor es zerbarst und sich bis heute in alle Richtungen zerstreut? Ist dies vielleicht das ewige turnusmäßige Spiel des Seins: Kontraktion-Expansion?
Oder ist der Teil des Raum-Zeit-Kontinuums, den wir gezwungenermaßen als Universum bezeichnen müssen, nur ein Baustein in einem hypergigantischen Konsortium von Millionen Universen, die auch wieder Glied einer noch höherrangigen Ordnung darstellen?
Ein Gebilde, bei dem unser Verstand irgendwann versagen muss.

8. Die Triebkräfte

Forscher sind den Triebkräften dieser Welt, den Grundkräften der Natur seit Langem auf der Spur. Die Gravitation, die starke Kernkraft, die die Atome zusammenhält. Die schwache Kernkraft, die die radioaktiven Zerfallsprozesse und die Kernfusionen initiieren, die elektromagnetische Wechselwirkung und vielleicht noch weitere, uns bisher unbekannte Grundkräfte.

Ohne diese Grundkräfte würde sich im Universum nicht viel bewegen.

Die wichtigste Grundkraft ist sicherlich die Gravitation. Ohne die Massenanziehungskraft bliebe der Raum ein nahezu gleichmäßiges Gallert. Da sich die Gravitation im Prozess der zufällig versammelnden Massenkonzentrationen beschleunigt und zum Schluss sogar nach innen richtet, wie bei den schwarzen Löchern, entstehen im vermeintlich leeren Raum unvorstellbare Massen- bzw. Energieherde, währen das Umfeld leergefegt ist.

Woher stammen die Grundkräfte? Eine nicht aufzuklärende Frage. Wären sie nicht existent, würde es keine Vielfalt und letztlich auch kein Leben in der Welt geben.

Denn in den Räumen zwischen den Hyperkonzentrationen von Energie und dem nahezu leerem Raum fand eine weitere Kraft, die eigentlich nicht zu den Grundkräften der Natur gehört, die Höherentwicklung, ihren Spielraum.

Jenseits von Feuer speiender Glut einerseits und leerem toten Raum andererseits entwickelten sich sozusagen als Sahnehäubchen Lebenskeime und organische Materie.

Und wäre die Welt so beschaffen, dass die Gravitation die gesamte Himmelsmechanik beherrscht und gegen sie kein Kraut gewachsen wäre, dann würden die riesigen Materiekonzentrationen ihr Potenzial ständig steigern und der Raum wurde den Gegensatz zwischen Megaenergieherden und Leere ständig verschärfen. Zum Glück wirken da quantenphysikalische und quantenmechanische Prozesse entgegen, die irgendwann jeden Superpressling zum Aufschmelzen bringen können. Vielleicht haben bei der Entstehung der Singularität, dem Ursprung unseres Universums, die quantenphysikalischen Einflussfaktoren lange Zeit versagt. Aber die Welt funktioniert wohl niemals ewiglich als Einbahnstraße. Irgendwann kommt es zu einer Sättigung der ständig in eine Richtung wirkenden Prozesse, zu einem Kollaps. Das unersättliche gefräßige schwarze Loch, das scheinbar alles schluckt und nie wieder preis gibt, wird im Laufe der Millionen und aber Millionen Jahre seine unbändige Kraft verlieren und wieder zerfallen, wahrscheinlich eines Tages sogar zum fast leeren Raum werden. Quantenphysikalische Prozesse sorgen dafür. Selbst der Erdkörper ist ein Beispiel dafür. Gravitation und Druck müssten einen festen superdichten Erdkern erzeugen. Was anderes sollte bei dem Pressdruck nicht standhalten können. Quantenphysikalische Prozesse sorgen dennoch für flüssige gleitfähige Geosphären, wie zum Beispiel die Asthenosphäre. Dadurch können sich Gesteinsschicht und letztendlich auch die Erdoberfläche mit ihrer

Morphologie im Prozess von Plattentektonik und Kontinentalverschiebung ständig erneuern. Wahrscheinlich war und ist auch das eine der Grundvoraussetzungen, dass sich das Leben mit seiner Vielfalt auf der Erde entwickeln konnte

Unsere Fantasie stellt den Triebkräften dieser Welt unablässig nach.
Es existiert massenhaft Zukunftslektüre, in der wir in superschnellen Raumschiffen nahe Lichtgeschwindigkeit zum Zentrum unserer Galaxis fliegen.
Wir möchten unsere Enge Welt verlassen und immer weiter ins All vordringen können. Das wird uns mit Sicherheit immer weiter gelingen, aber gleichzeitig unsere Grenzen aufzeigen.

9. Sind wir einmalig, ein peinlicher Fauxpas der Natur?

Eins allerdings ist mit Sicherheit auf philosophische Weise zu beantworten: Ein Anfang der Zeit. ein Ursprung des Raumes gab es genauso wenig geben, wie es ein Ende geben wird. Solche Grenzen gelten nur für Teile und Strukturen des Kontinuums, wohl auch für den für uns sichtbaren und beurteilbaren Teil, den wir geflissentlich als Universum bezeichnen.
Und da es keinen ultimativen Anfang der Zeit und auch keinen Ursprung des Raumes gegeben haben kann, ist es gewiss:

Grüne - vielleicht auch blaue oder orangene - Welten mit Leben, auch mit Vernunft hat es schon zig Mal im Weltendasein gegeben und sie wird es auch nach uns noch zig Mal geben. In welcher Form das ist, ob menschenähnlich oder ganz anders, bleibt Spekulation.

Selbst wenn in einer anderen Epoche des Universums, z.B. in einer Kontraktionsphase ganz andere physikalische Eigenschaften von Raum und Zeit herrschten, bliebe es doch Dogmatismus, wenn wir plötzlich annehmen würden, die Triebkräfte der Natur wären nicht zielgerichtet, sondern verhalten sich einfach nach der Devise „die Bewegung ist alles, das Ziel ist nichts", Leben, Mensch, Vernunft wären eine Einmaligkeit im ewigen Weltendasein.

10. Wie ist unsere Welt beschaffen?

Was ist, wenn das Universum das Wechselspiel von Kontraktion und Expansion nicht nur innerhalb von Galaxien und Sternen, nicht nur in dem für uns sichtbaren Teil des Universums vollzieht, sondern im Gesamt-Universum, wenn der Raum so verschlungen ist, dass er unendlich und doch endlich ist? Die Vorstellung versagt. Auf alle Fälle wäre die Welt - wie in Abschnitt sechs konstruiert - eine Blackbox und die Zeit eine Schleife. Die Ereignisse würden sich wiederholen. Wir würden Handlungen durchführen, die wir unzählige Male zuvor auf dieselbe Weise durchführten, ohne zu wisse, dass dem so ist. Natürlich würde unvorstellbar viel Zeit zwischen diesen Ereignissen

liegen, aber was bedeutet das schon im ewigen Weltendasein.
Diese Theorie ist wohl reine Spekulation. Ein Beweis wird man für immer schuldig bleiben müssen.

Bei allen zufälligen Ereignissen in dieser Welt – wer war und ist für die Grundordnung verantwortlich? Wer zügelte auf wundersame Weise die Kraft der Elektronen, so dass sie auf ihrer Bahn um den Atomkern verbleiben können und nicht in diesen hineinstürzen oder aber in das Nichts entschwinden? Wer schuf die Quantenmechanik der Mikroteilchen, als offensichtlich wurde, die Materie würde allein auf der Grundlage der mechanischen Gesetze auseinander fallen, und hielt damit die Welt als Ganzes zusammen? Kann eine seelenlose Natur so einen Logismus entwickeln? Oder verschwand der unbrauchbare Rest dieser Welt nach den Regeln von Selektion und Evolution und die rezente Wirklichkeit ist der einzig überlebensfähige Extrakt?
Ist es die Kraft, die allgemein üblich als Gott bzw. eines seiner Äquivalenten personifiziert wird, eine ideelle Kraft oder ist eben das, was ist, das, was nicht anders sein kann?
War die Singularität ein riesiger Energiepool, der zerbarst, der sich generell (nicht episodisch in bestimmten Verklumpungen) allmählich in dunkle Materie umwandelt, um eines Tages vielleicht wieder zur Urform, dem singulären Quell allen Seins zurückzukehren?

11. Die Ohnmächtigkeit des Seins

Das Universum - nicht das, was wir gemeinhin als Universum bezeichnen, sondern das wirkliche Raum-Zeit-Kontinuum, dessen Form, Dimension, Ursprung und Ziel wir in seiner Gesamtheit, die es wahrscheinlich auch nicht gibt, nicht kennen und nicht kennen lernen werden, ist einfach Energie im Widerstreit mit ihren Erscheinungsformen, ein ewiges Duell zwischen Materie und relativer Leere, zwischen anziehenden und abstoßenden Kräften, eine riesige Emulsion, die in sich verklumpt, zerstreut, konzentriert, dezentriert u.s.w..
Die Dichte und Konzentration und vor allem Organisiertheit der Energie kann dabei solche Formen annehmen, dass kunstvolle Strukturen wie der blaue Planet Erde, das Leben und letztlich der Mensch entstehen, um letztlich unweigerlich wieder in ihre Urbestandteil zerlegt würden. Dabei sind solche Meisterleistungen der Natur, wie z.B. die Vernunft, erst in den äußersten Regionen eines solchen Energiekollapses bei diesbezüglich optimalen physikalischen Bedingungen Wirklichkeit geworden.
Welche Triebkräfte diese Zielstrebigkeit, diese Verknüpfung von Zufall und Zweckmäßigkeit, von Evolution und Selektion hervorbringen, welche wundersame Quelle aus den mit Millionen Sonnenenergien gespeisten zerreißenden und verschmelzenden Kernspaltungen und Kernfusionen, aus tausendfach zerstörerischen toten Energieentladungen kreative Fruchtbarkeit

hervorbringen – bleibt ein Geheimnis. Es ist eben so wie es ist. Es ist die Eigenart der Natur, Gottes, des Universums, der Elementarteilchen, der Energiezustände - wie man es nennen mag -, die uns - Gott sei dank - einen Kurzfilm zur Teilhabe an ihrem Sein schenkte.

Es ist ja nicht nur die Unbegreiflichkeit des bodenlosen Raumes, sondern auch der Zeit ohne Start und Ziel.
Wir bemühen uns, aus der eindimensionalen Denkweise herauszukommen, mit der Vorstellung, dass Raum euklidisch ist und Zeit unabänderlich, zu brechen. Spätestens seit Einstein kam dieses Weltbild ins Wanken.
Mit Sicherheit warten Erkenntnisse auf uns, die scheinbare physikalische Unumstößlichkeiten vom Sockel hieven. Die letzte Frage bleibt definitiv unbeantwortet: Warum ist es so wie es ist? Damit müssen wir uns bescheiden.

12. Ein Anfang oder das Ende des Seins?

Die inhärenten Eigenschaften von Raum und Zeit sind nicht endgültig geklärt.
Der Raum ist eigentlich nicht die Leere und das Vakuum im herkömmlichen Sinne. Das gibt es nicht. Raum ist mehr oder weniger Energie mit mehr oder weniger Materie, Schwerkraft, Strahlung, Teilchen, Felder, Quanten, Photonen durchzogen. Der Raum krümmt und verschlingt sich entsprechend seiner lokal unterschiedlichen Energiezustände und

versucht ständig auszugleichen bzw. in stabilere Zustände zu gelangen, ein Wechselspiel von Materiekonzentrationen und relativer Leere. Dieses Stabilitätsbestreben wird ständig durch nuklearchemische Reaktionen gestört. Der in einen relativen Stabilitätszustand strebende Raum verklumpt immer wieder erneut. Das kann bis zu einem Supergau, einer gigantischen Materiekonzentration, einem schwarzen Superloch, einer Singularität führen, in der die Zeit faktisch stehen bleibt, bis die Druckkräfte im Innern der Konzentration und die Saugwirkung der relativen Leere um diese Singularität herum die Oberhand behalten und die Weltenuhr erneut starten.

13. Das Bewusstsein

Wie passt das Bewusstsein in diese materielle energiebeherrschte Welt?
Auch diese Frage ist im Prinzip sinnlos und stellt eine rein philosophische Frage menschlichen Selbstfindungsbestrebens dar.
Das Bewusstsein ist eine Spielart der am höchsten organisierten Energie. Ob es dabei noch eine Steigerungsform gibt, ist rein spekulativ.
Wenn die Natur mit der Herausbildung des menschlichen Gehirns und damit des Bewusstseins unter Umständen eine logische Verkettung der zur Höherentwicklung gerichteten Impulse geschaffen hat, so kommen wir selbst mit der Einstufung desselben weit weniger zurecht.

Ist das Bewusstsein ein evolutionärer Irrtum der Natur, oder eine logische Konsequenz (Sie merken bestimmt, dass auch ich den natürlichen Triebkräften unbewusst eine göttliche und vor allem ideelle Allmacht zugestehe)? Evolution auf der Erde und Abstammungslehre stützen Letzteres.

Man kommt aber trotzdem nicht umhin, die Triebkräfte dieser Entwicklung zu analysieren. Was steckt hinter der Zweckmäßigkeit der Evolution, wirklich nur das Zufallsprinzip nach Art eines Filters, der nur den überlebensfähigen Extrakt weitergewähren lässt oder ist doch eine allmächtige, alle Prozesse steuernde Kraft am Werk?

Es ist schon sonderbar mit dem Bewusstsein. Der Mensch sieht sich mit seiner Geburt mit unzähligen Bindungen an Gesellschaft, Familie und Umwelt verknüpft. Bis zu seinem Tod füllt er ein notwendiges Glied in der Ahnenkette aus und sichert den Fortbestand der Rasse. Dennoch existiert jeder Mensch allein für sich, mit einen ultimativen Mauer um sich herum, ist mit seinen Gedanken und Wünschen allein und nimmt diese nach seinem Tod für immer mit sich fort. Es bleiben natürlich die Schaffenswerke und Erkenntnisse, die ein Mensch hinterlassen hat, aber auch diese werden eines Tages verblassen.

Vielleicht wird manchem bei diesen Aussagen ein Aufschrei der Entrüstung über die Lippen kommen: „Ein Mensch hinterlässt seine Spuren in der Gesellschaft. Auserwählte bleiben Jahrhunderte mit ihrem wertvollen Gedankengut in den Köpfen von Generationen."

Und dennoch stirbt letztendlich jeder für sich allein, nimmt seine private Miniwelt und damit auch sein Bewusstsein für immer mit sich fort.

Und dieses Bewusstsein, eine Idee, eine bewusste kreative Schöpferkraft soll den Urheber allen Seins verkörpern. Kaum glaubhaft. Die Welt, wie sie sich uns gibt, so genial und perfekt sie auch sein mag, funktioniert nach physikalischen Gesetzmäßigkeiten. Es existiert nicht der leiseste Beweis, dass eine Inkarnation eines allmächtigen Schöpfers dahinter steckt. Die Frage, warum ist es so, wie es ist, wäre mit dem Schaffenswerk Gottes sicherlich einfach beantwortet. Aber das ist wohl nur allzu menschliche Vorstellungskraft. Fakt ist: Wir wissen nicht, warum es so ist, wie es ist.

Unser kreativer Sinn, unsere Fantasie kann Dinge überbrücken, die logische und damit philosophische Grundsätze darstellen.

Und doch! Wie genial entwickelt sich die menschliche Intelligenz immer weiter in ungeahnte Entwicklungsstufen. Es existieren auch in der Tierwelt große Unterschiede bei der Intelligenz der Arten, je nach dem Verhältnis von Körpermasse und Gehirn sowie der Beschaffenheit des Zentralnervensystems selbst gibt es erstaunliche Beispiele wie den Delphin.

Was ist das aber gegen die menschliche Vernunft? Als ob an einem bestimmten Punkt der Evolution innerhalb der zweckmäßigen nach den Naturgesetzen funktionierenden Realität plötzlich irgendein Blitzeinschlag eine rollende Walze auslöste, die immer schneller voranzukommen scheint und nicht aufgehalten werden kann. War es wirklich nur der urzeitliche Baumaffe, der aufgrund des langsamen Absterbens der Wälder gezwungen war, in den aufrechten Gang zu wechseln, um seine Feinde besser orten zu können? War es wirklich nur den freiwerdenden Händen zu verdanken, dass ein dynamischer Entwicklungsprozess des Gehirns einsetzte?

Es gibt genügend andere Tiere, die ähnliche Abläufe hinter sich brachten. Viele Dinosaurier zum Beispiel gingen aufrecht. Das Känguru oder das Erdmännchen wären auch prädestiniert. Was gab dem Gehirn den Kick, so dass eine beispiellose menschliche Intelligenz und Vernunft daraus wurde? War es doch die von einem Schöpfer eingehauchte Erleuchtung?

Alle Rassen blieben vermeintlich an einem Punkt stehen, der noch weit von menschlicher Vernunft entfernt ist. Nur bei diesem urzeitlichen Affen, unserem Vorfahr, explodierte der Schädel, so dass er schier alles auf dem Planeten in seinen Besitz bringen kann. Keine andere Art hat wohl noch eine Chance gegen ihn. Oder können wir die lange Geschichte unserer Erde nicht überblicken? Vielleicht existierten bereits mehrere vernunftbegabte Arten auf unserem Planeten und starben durch kosmische, globale Katastrophen wieder aus oder wurden durch

Pandemien von Viren ausgerottet? Wartet ein ähnliches Schicksal auch auf uns?

Es sind Fragen die uns schon seit etlichen Generationen beschäftigen und die uns wohl ewiglich verfolgen. Unser Bewusstsein verweigert die Tatsache, dass wir lediglich ein hochentwickeltes chemisch-biologisches System verkörpern mit einer Geburt und einem Tod. Wir möchten zu gern selbst Gott spielen. Es fällt unsäglich schwer, an ein endgültiges Ende des eigenen Lebens und damit an ein Ende der Teilhabe am materiellen Sein dieser Welt, die sowieso nur ein glücklicher Zufallstreffer war, zu denken. Weil das so unsagbar schwer ist, haben unsere Vorfahren die Kirchen und Moscheen erschaffen und den Glauben zur Prozession gemacht.

Es stellt sich die Frage, sollte in den Fernen des Universums irgendein Planet ebenso begünstigt sein, über die ideale Konstellation zum Zentralgestirn und zu allen anderen Raumkomponenten verfügen, würde das Biosystem dieses Planeten dann ebenfalls hochentwickelte Intelligenz und Vernunft hervorbringen? Sie müssen unserer Physiognomie ja nicht ähnlich sein.

14. Was nützen uns philosophische Betrachtungen zum Ursprung und zum

Ende unserer Welt und Gedanken über die eigene Vergänglichkeit?

Unsere Mini-Privat-Welt, in der wir leben, lässt unsere Gedanken nur selten in philosophische Dimensionen gleiten. Oft erst am Ende unseres Lebens steigen die „Warums?" und „Wohins?" im Geiste auf. Und die Fantasie schenkt uns vielleicht die Hoffnung auf ein „Danach".

Es gehört zu unserem Eigenart, nicht nur nach Zweckmäßigkeit zu suchen, sondern auch an und für sich sinnlose Fragen aufzuwerfen oder Fragen, die keinen praktischen Wert besitzen, rein theoretischer oder hypothetischer Natur sind und die definitiv unbeantwortet bleiben, nur um die Stellung des Menschen und nicht zuletzt des eigenen Ichs in seiner Winzigkeit, Einmaligkeit, Ohnmacht und Erbärmlichkeit zu begreifen.

Das ist über den Alltag hinaus ein Schweifen in galaktische - sowohl räumlich als auch zeitliche - Dimensionen, die uns eine bestimmte innere Befriedigung verleiht.

Man könnte die Frage aufwerfen, warum der Autor diese Gedanken überhaupt zu Papier gebracht hat. Nehmen wir an, es ist das Bedürfnis, mitzuteilen, wie man mit dem erlangtem Wissen und dem erreichen Kenntnisstand die Welt zu begreifen versucht. Das möchte der Autor der Nachwelt hinterlassen. Hinterher kann er das weder korrigieren, ergänzen noch sich ein weiteres Mal zu Wort melden.

In unbestimmter Zeit wird es die uns bekannte rezente Gattung Mensch nicht mehr geben. Da können noch solche Wunderwerke der Technik erschaffen werden. Ein unumstößliches Gesetz der Natur führt uns vor Augen, dass alles Erschaffene und Entstandene irgendwann eines Tages wieder in seine Grundstrukturen zerfällt. Die Evolution nimmt einen neuen Anlauf. Der Raum präferiert wechselweise immer neue Bereiche seines Kontinuums für Ereignisse galaktischen Ausmaßes. Und diese Ausmaße sind so kolossal, dass jede Vernunft außer der Zielgerichtetheit der Natur selbst keine Chance hat, gegenzusteuern. Es sind einfach zu große Energiepotenziale im Universum.
Vor einer kommenden Katastrophe weglaufen oder entfliehen ist genauso zwecklos wie das Weglaufen am Strand vor einer tausend Meter hohen Flutwelle.

Die Entfernungen im Universum sind so gewaltig wie die Energiepotenziale von Supernovae oder schwarzen Löchern.
Nur Ereignisse galaktischen Ausmaßes wie das Sterben eines massereichen Sternes oder die Vereinigung von Galaxien können Lichtjahre überwinden und trotz relativ großer Entfernung unser unvermeidliches Verderben sein.
Deshalb grenzt es auch an absolute Unmöglichkeit hier in diesem, uns bekanntem Universum mit anderen vernunftbegabten Wesen in Kontakt zu treten und damit die interstellaren Dimensionen zu überwinden. Jede vernunftbegabte Spezies, sollte sie in einem Winkel des Weltalls unter zufällig optimalen Bedingungen für Lebenskeime

entstanden sein, existiert de facto in ihrem Universum bis ans Ende ihrer Zeit für sich allein. Treffen vernunftbegabter Welten bleiben dem Reich der Fantasie vorbehalten.

Eine fiktive Reise in das Zentrum unseres Universums oder in das Zentrum unserer Galaxis würde trotz der denkbar modernsten Triebwerke Tausende von Generationen andauern. Es müsste bezweifelt werden, ob die möglichen Ankömmlinge sich noch an ihre Abstammung erinnern würden. Und was fänden sie vor? Gigantische Anziehungskräfte, die jegliche organische Substanzen zerquetschen würden. Immerhin muss dieses Zentrum Milliarden Sonnen und Billionen Tonnen von dunkler Materie zusammenhalten. Sie träfen einen Ort an, an dem außer den kleinsten Zerfallsprodukten der Materie, außer vielleicht Wasserstoff und Helium sowie Photonen nichts existieren kann.

Zum Glück ist in dem Universum, das wir überblicken können, die Ereignisfolge nicht ganz so dicht.

Sich in einem ca. hundert Jahre währenden Leben Gedanken über den Zerfall unserer Milchstraße, oder des Sonnensystem zu machen, ist so, als würde man heute um den Tod eines unserer Nachfahren in der fünftausendsten Generation nach uns trauern.

Hoffen wir, dass der Weltengang und die kosmischen Ereignisse um uns herum noch lange Zeit keine böse Überraschung für uns bereithalten.

Denn so mündig der Mensch aus Sicht der Natur auch geworden ist, er bleibt ihr Sklave.

Die Wissenschaft kann noch so viele Geheimnisse der objektiven Realität lüften, sie bleibt im Großen dem Regime der Natur ausgeliefert. Mutter Natur lässt nur temporäre Erfolge zu, keinen Endsieg. Wir werden hoffentlich noch manche Schlacht gegen die Urgewalten der Natur gewinnen, aber keinen Krieg.

So muss man es auch auf theologische Weise verstehen: Wir bleiben für immer der Allmacht Gottes und seiner Gunst verbunden beziehungsweise ausgeliefert.

15. Hat die Welt einen materiellen oder einen ideellen Ursprung?

Es ist die Kernfrage der Philosophie.

Die meisten Menschen sind mit materiellem Weltenverständnis aufgezogen worden. Alles hat irgendwie seine physikalischen Quellen. Alles muss hinterfragt werden: Warum ist es so? Wo kommt es her? Wie funktioniert es?

Da klingeln Zeugen Jehovas an der Tür. Sie propagieren die Erschaffung der Welt durch Jehova. Es drängt sich die Frage auf: „Warum soll es gerade dieser Jehova gewesen sein?" Ihre Antwort: „Weil er der allmächtige Gott ist!"

Im Endeffekt gibt es keinen logischen nachvollziehbaren Beleg, dass gerade er es war. Man muss es letztendlich einfach glauben. Das kann man aber mit einem materiellen Weltenverständnis nicht so leicht.

Und doch: Das Gegenteil kann auch niemand definitiv beweisen.

Hat die Welt einen materiellen Ursprung? Hat sie überhaupt einen Ursprung? Unser Gehirn verweigert die Ewigkeit der Zeit, da in unserer Umwelt alles endlich ist. Andererseits: Wie sollte der Beginn der Zeit - und damit der Welt - ausgesehen haben? Von nichts kommt nichts - so weit können wir in unseren absoluten Behauptungen schon gehen.

Könnte vielleicht doch eine ideelle Kraft den Ursprung allen Seins erwirkt haben, eine Kraft, die „Gott", „Allah", Brahman" oder „Jehova" betitelt wird Es ist wahrscheinlich, dass wir diese Frage niemals beantworten können. Es ist wohl die Eigenart des Menschen schon immer gewesen, vom Neandertaler bis zum heutigen Homo sapiens, nichtaufklärbare Dinge höheren Mächten zuzuschreiben.

Sterbende Menschen berichten oft von einem magischen und gleißenden Licht, was sie unwiderstehlich anzieht. Sie berichten davon, dass die quälenden Schmerzen vor dem Tod mit einem Mal wie weggeblasen sind.

Gewährt uns die allmächtige Kraft dieser Welt eine letzte Genugtuung? Aber warum sollte sie das tun? Eine biologische oder evolutionäre Ursache erscheint absurd. Die Natur lässt keine Gnade gegen das einzelne Individuum walten, sondern entfaltet die schöpferischen Kräfte zur Erhaltung der

Art. Aus welchem Grund sollte sie Interesse hegen, dem sterbenden Individuum einen genüsslichen Abgang zu verschaffen?
Es ist normal und natürlich, dass wir unsere Existenz, unser Ego viel zu wichtig nehmen.

Wir können die uns bekannte rezente endliche Welt nicht verlassen, nicht körperlich und auch nicht geistig, so dass die vermutlich unendlichen Dinge unseren Horizont definitiv überschreiten. Da kann man philosophieren, so viel man will. Die Frage nach dem Ursprung der Welt, oder besser: Nach den Trieb- und Schöpfungskräften dieser Welt, wird uns, so lange unsere Spezies existiert, beschäftigen, ohne dass wir eine endgültige Lösung präsentieren können.
So gesehen ist der Streit von Materialisten und Idealisten eine überflüssige und vor allem ergebnislos verlaufende Kontroverse von Daseinsinterpreten.

Das klingt vielleicht alles etwas nach Ohnmächtigkeit, nach Resignation im Erkenntnisprozess. Es soll uns aber den Platz in dieser Welt zuweisen, den Platz jedes einzelnen Geschöpfes, des Menschen und der gesamten Menschheit: Eine Spielart der Natur mit begrenzter Daseinsdauer, eine Erscheinung des Seins, völlig bedeutungslos für den Werdegang des Universums. Damit müssen wir uns bescheiden.
Feiern wir wenigstens in unserem verschwindend kleinen Privatuniversum Teilerfolge und die Lust

neuer Erkenntnisse und… das kurze Leben, das uns beschieden ist.

16. Epilog

Wir können stundenlang, jahrelang philosophieren. Wir können der Natur Geheimnis um Geheimnis abringen. Wir können als vernunftbegabte Art einen heute noch unvorstellbaren technischen Entwicklungsstand erreichen. Wir können tausende Bücher wie dieses oder bahnbrechende wissenschaftliche Abhandlungen verfassen.
Wir bleiben dennoch Sklave der Natur, der energetischen Triebkräfte oder einer Kraft eines Gottes, wie auch immer man es betrachten mag, und werden eines – hoffentlich fernen – Tages wieder von der Bildfläche abtreten müssen.
Das ist eine Erkenntnis, die niemandem nützt und somit nur reine philosophische Bedeutung besitzt. Sie sollte uns aber von der arroganten Vorstellung lösen, dass unsere Art etwas Einmaliges im Weltendasein verkörpert.
Vieles in dem kleinen Büchlein klingt fatalistisch angesichts der Ohnmacht gegenüber den Naturkräften. Der Mensch ist in seiner Wesensart optimistisch, sonst würde er nicht ständig von Neugier und Erkenntnisdrang getrieben.
Und wer möchte nicht gern unsterblich sein, das Auf und ab, Verschmelzen und Zerstreuen von Materie und Energie immer wieder aufs Neue miterleben.
Wie tröstlich wäre doch eine Erkenntnis, dass wir, unsere Seele, unser Geist irgendwann neu erstehen

wird, selbst auf Kosten der Tatsache, dass man sich an eine vorherige Existenz nicht mehr erinnern könnte. Die Einsicht, das Leben ist einmalig, danach kommt nur ewige Schwärze, ist schon deprimierend.

Unter diesem Blickwinkel könnte man unverzüglich zu einem Glauben konvertieren. Das garantiert wenigstens die Hoffung auf einen Fortbestand der Seele nach dem Tod. Aber es gibt keinen schlüssigen Ansatz, geschweige denn Beweis, für diese Theorie. Es ist reine Selbsthilfe des Gehirns gegen die Angst vor dem endgültigen individuellen Nichts.

Es gilt die allseits strapazierte Devise: Nutze Dein Leben, genieße die schönen Dinge und Momente, verliere Dich nicht in Konfliktphasen, bringe schöpferisches Wirken, Liebe und Fröhlichsein in Einklang! Es existiert kein Artefakt, das auf eine Wiedergeburt hindeutet.

Dieses Büchlein erhebt keinen Anspruch auf die in Stein gemeißelte Wahrheit, nicht bei speziellen wissenschaftlichen Erkenntnissen und nicht bei philosophischen Betrachtungsweisen. Gerade die unterschiedlichen Auffassungen bei Naturphänomenen, denen keine Eindeutigkeit zugrunde liegt, bringen den Erkenntnisprozess voran.

Es sollte verdeutlicht werden, dass weder materialistische oder idealistische Erklärungstheorien noch die verschiedensten Glaubenslehren als Nonplusultra hingestellt werden können. Es gibt nichts Überflüssigeres als Glaubenskriege mit ihren sinnlosen Opfern. Denn die ultimative Frage, **warum es so ist, wie es ist**, können wir nicht beantworten. Wir können diese Frage definitiv niemals beantworten.

Herstellung und Verlag:
BoD - Books on Demand, Norderstedt
ISBN 978-3-7357-8144-4